COMITÉ MARSEILLAIS

DE

LA RÉFORME SOCIALE

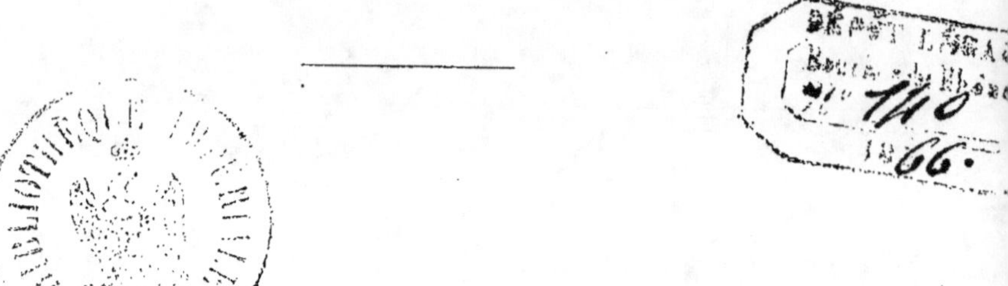

LIBERTÉ CIVILE

MARSEILLE

ARNAUD, CAYER ET Cie, IMPRIMEURS
Rue Saint-Ferréol, 57

PARIS

E. DENTU, LIBRAIRE-ÉDITEUR
Galerie d'Orléans, 17
Palais Royal

—

1866

PRÉFACE.

A une époque où les principes de décentralisation rassemblent chaque jour de nouveaux adhérents, nous avons cru qu'il serait à la fois intéressant et utile de nous faire les interprètes d'une grande partie de nos concitoyens, en traitant la question capitale de la liberté civile avec toute l'attention qu'elle mérite.

Nous avons écrit cette brochure sans parti pris, sans opinion préconçue; nous n'avons accepté aucune déduction qui ne fût basée sur les faits et contrôlée par eux. Aussi, pensons-nous que cet acte de décentralisation littéraire ne demeurera point inaperçu et que les efforts du Comité marseillais de la réforme sociale éveilleront l'attention , sinon la sympathie dans la France septentrionale. Nous sommes persuadés qu'en nous faisant les interprètes des vœux qui animent les populations du Midi, nous répondons également aux aspirations du reste de nos concitoyens. Ils veulent maintenir la dignité de la famille et le respect des croyances, développer la puissance et la richesse de notre patrie, tout en s'opposant au progrès des mauvaises mœurs : mais, pour arriver à ce but, il il est nécessaire d'entrer dans la voie des réformes et de renoncer définitivement aux révolutions.

C'est ce programme qui nous a inspiré les pensées fondamentales de la brochure que nous publions et dans laquelle nous n'avons pas hésité à aborder de front quelques questions aussi controversées que mal comprises. Nous ne nous dissimulons pas que nous rencontrerons bien des contradictions systématiques ; mais nous ne craignons pas d'élever la voix, au risque d'être en butte à d'injustes attaques, soutenus que nous sommes par le témoignage intérieur de la conscience et le désir d'éclairer tous les hommes sincères qui nous liront sur des désordres sociaux dont le palliatif est à notre portée.

La réforme, c'est l'accomplissement des transformations pacifiques que subit un pays marchant naturellement vers ses destinées. La révolution, au contraire, c'est la violence, le désordre, le temps d'arrêt apportés à cette évolution régulière. Nous sommes partisans des réformes et nous détestons les révolutions, parce que les unes sont fécondes autant que les autres sont stériles : aussi n'hésitons-nous pas à réclamer les premières malgré l'indifférence et l'inertie d'un trop grand nombre de conservateurs timorés. Le péril le plus redoutable pour notre société actuelle n'est pas l'exagération des doctrines révolutionnaires, il est bien plus dans le sommeil obstiné des honnêtes gens, des citoyens paisibles, dans notre béate insouciance de la chose publique. On ne saurait trop signaler cet affaissement des caractères : à toutes les époques il apparaît comme un signe certain de la décadence d'une nation. Sans doute il est utile de s'occuper de ses propres affaires, de même qu'il est agréable d'aller à ses plaisirs, mais il serait bon aussi d'accorder un peu de temps aux intérêts publics. Il ne suffit pas, pour être véritablement libéral, de vanter à tous propos, avec force lieux communs, les habitudes de la vie publique, qui sont la prospérité de certains peuples. Nous croyons qu'il est plus glorieux et surtout plus avantageux de les imiter en acceptant les charges de la liberté.

Une centralisation excessive, datant de plusieurs siècles, nous a donné la déplorable habitude de laisser à l'État l'initiative des réformes sociales et des mesures progressives. Notre intention n'est pas de critiquer à outrance une propension contre laquelle nous serions trop faibles pour réagir : mais nous croyons faire notre devoir en essayant de contribuer, dans la mesure de nos capacités, à mettre en lumière l'opportunité de certains changements à opérer dans notre législation civile. Nous espérons, en agissant ainsi, trouver des imitateurs et rallier des esprits impartiaux sous la bannière des hommes éminents qui veulent former un grand parti national et accoutumer nos concitoyens à ne plus sacrifier le triomphe des causes les plus justes à des rivalités de coterie ou à des questions de personne.

Tel doit être le but de tous les hommes aimant sincèrement leur pays, tel doit être le nôtre, et nous pouvons marcher, fraternellement unis, sans distinction de couleur politique, vers l'accomplissement d'une œuvre où le labeur qu'elle impose est déjà une récompense.

Marseille, juin 1866.

LIBERTÉ CIVILE

I

Depuis près d'un siècle, chaque fois que la liberté politique a subi, en France, quelque restriction, de nombreux orateurs et de nombreux publicistes ont réclamé énergiquement une plus large participation des citoyens aux affaires de l'Etat. L'exemple des peuples d'origine anglo-saxonne, prospères en même temps qu'ils sont libres, semble prouver en effet que le développement de la vitalité dans une nation correspond au degré d'initiative dont jouissent les individus. Ce fait, d'une réalité incontestable, a été invoqué si souvent, que le citer c'est s'exposer presque infailliblement au reproche de tomber dans le lieu-commun.

Hâtons-nous donc d'ajouter que si, au début de cette brochure, nous avons porté les yeux sur l'Angleterre et sur l'Amérique, c'est afin d'envisager la question de la liberté sous un jour peu connu ou du moins mal apprécié.

La liberté, quoi qu'en disent les avocats et les journalistes, est plus une vertu qu'une institution. Le pacte qui la fonde n'est jamais consenti par une assemblée d'hommes d'état, plus ou moins éminents, plus ou moins sincères. Elle a son germe dans l'âme des citoyens et doit éclore inévitablement dès que ceux-ci possèdent assez de raison et d'énergie pour se faire mettre pacifiquement en possession des droits qu'ils sauront exercer avantageusement pour eux-mêmes et pour ceux qui les gouvernent. La liberté, d'ailleurs, ne saurait se fonder en un jour : quand elle est acquise par une sorte de coup de main, quand elle sort d'un seul jet et comme du cratère d'un volcan, après avoir servi à détruire les vieilles institutions, elle se consume d'elle-même et contribue seulement à préparer le sol d'où plus tard elle renaîtra sous une autre forme. Elle ne devient permanente et féconde que lorsque les chefs de famille ont la volonté et la moralité nécessaires pour accomplir en son entier la tâche qui leur est dévolue dans l'organisation sociale. Cent orateurs auraient beau faire tonner leurs voix éloquentes du haut d'une tribune, qu'un peuple resterait paisiblement aux entraves s'il n'avait compris la grandeur des devoirs civils et s'il n'avait appris à les pratiquer avec intelligence et conscience.

Ce principe a été accepté de tout temps par l'Angleterre ; il s'est propagé dans ses colonies , s'est implanté au-delà de l'Atlantique, enfin a posé les jalons de la véritable civilisation sur les points du globe les plus éloignés. Les Anglo-Saxons , depuis des temps reculés, ont compris que le point de départ de la liberté était le foyer domestique et que les pères de famille , environnés de respect, pourvus d'une juste autorité, pouvaient seuls devenir les appuis et les guides du pouvoir. Le peuple anglais n'a cessé et ne cesse encore de conquérir des libertés politiques : grâce à l'intelligence avec laquelle il a compris son œuvre, il a transformé le code féodal en un recueil de chartes empreintes de l'esprit le plus large et le plus vivifiant de l'époque moderne. Ses franchises graduellement sanctionnées sont demeurées intactes , tandis que les nations qui ont voulu improviser en un jour les droits de l'homme libre ont passé de l'anarchie à la dictature et de la dictature à la réaction. C'est que la Grande-Bretagne s'est appuyée sur la liberté civile, école des vertus publiques, pour s'emparer de la liberté politique à laquelle , seule , la première peut servir de garantie et de contre-poids modérateur.

Malheureusement, en France , la plupart des hommes influents du parti libéral se sont plus attachés à flatter les passions de la multitude qu'à servir les véritables intérêts du peuple. Ils se sont plus préoccupés de déchaîner les turbulents contre leurs propres adversaires , que de leur apprendre à devenir des citoyens utiles et éclairés. Ils n'ont jamais songé à garantir la stabilité de la famille par des institutions véritablement libérales ; ou, plutôt, ils ont toujours craint de le faire : que les citoyens demeurent enchaînés dans leurs foyers, pourvu qu'ils puissent ébranler au gré des ambitieux les colonnes du monument politique !

Telle a été la tactique de tous les hommes de révolution. Les libertés civiles qu'ils ont octroyées ou fait octroyer au peuple n'ont été que des dissolvants appliqués à la famille. Au contraire, ils n'ont pas craint d'établir des lois tyranniques pour contraindre le citoyen à étouffer les impulsions de son cœur et de sa raison, qui auraient pu le conduire à créer autour de lui et pour les siens un établissement durable. Pour mieux pétrir les masses selon leur ambition, ils ont cherché à désagréger le corps social, à substituer à son fonctionnement naturel une organisation factice dont l'idéal serait le gouvernement et les mœurs d'une fourmilière.

II

En dépit de toutes les théories, la famille restera la seule association qui réalise complètement le but proposé à une somme d'efforts collectifs. Dans un édifice, l'équilibre et la résistance des matériaux ne suffisent pas pour assurer la

stabilité ; il faut un mortier, un ciment pour relier les élé
ments de la construction : sans cela , la force d'un enfant
suffirait pour précipiter dans la poussière l'œuvre du plus
habile architecte. Le ciment qui réunit les masses humaines
et permet d'élever l'édifice social , c'est le sentiment , —
sentiment religieux , sentiment patriotique, sentiment de
la famille. — Quand les instincts élevés et généreux font
défaut, il devient impossible de maintenir longtemps exis-
tante , une association de travailleurs. L'intérêt personnel ,
quand il est en jeu , excite les passions les plus irrépressi-
bles , la jalousie , la vanité , la soif du gain. Hormis quelques
cas très restreints où il peut trouver une entière satisfaction ,
l'intérêt personnel entraîne bientôt à la discorde et à la ruine
les associations auquel il sert de base.

L'humanitarisme — pour nous servir d'un mot très vague
mais moins vague que le sentiment qu'il signifie , — est, e^t
demeurera, une abstraction aussi estimable que difficile à
réaliser dans la pratique. Quelques penseurs , à force de vivre
dans le monde des idées , peuvent se laisser passionner par
le désir de perfectionner les destinées de l'homme en général ; mais ils seront toujours impuissants à communiquer à la
foule la flamme abstraite qui brûle dans leur cœur. Tant que
les masses seront douées de facultés d'instinct plutôt que de
facultés de jugement , tant que le peuple se livrera au sentiment spontané au lieu de s'élever d'abstraction en abstraction
jusqu'à une formule absolue, la famille sera la véritable

unité , la cellule en quelque sorte , dont l'agrégation constitue ces grands corps qui vivent, qui meurent dans l'évolution de l'histoire , et qu'on appelle les sociétés humaines.

Pour se fortifier, pour se mettre à même de résister à tous les chocs extérieurs , et de surmonter tous les malaises intérieurs , l'Etat doit donc laisser agir librement les instincts naturels et généreux qui maintiennent les éléments sur lesquels il s'appuie. Le premier devoir du législateur est de concéder la liberté civile qui constitue des familles vigoureuses et unies, qui apprend au citoyen à consulter l'Evangile et la morale avant les recueils de chicane ; enfin , qui substitue à une foule de prolétaires rangés sous l'étendard de la démagogie, une légion de citoyens prêts à se sacrifier pour le maintien de l'ordre , seule garantie de la vie et de la prospérité des familles.

Les hommes de révolution n'ont jamais compris cette haute vérité. Ne soyons pas impitoyables pour un aveuglement qui les a précipités les premiers dans l'abîme.

III

La question de la liberté civile est trop complexe pour qu'il soit possible de l'aborder sous toutes ses faces dans une simple brochure. Contentons-nous donc pour cette première publication , de l'envisager dans une de ses parties les plus essentielles, — nous voulons parler de la liberté testamentaire à laquelle la libérale Angleterre et la république démocratique des Etats-Unis doivent leur prospérité industrielle et leur saine organisation sociale.

IV

Est-il un acte plus important que celui par lequel se règle la transmission de la propriété , et par conséquent se réorganise une famille. L'histoire , l'étymologie viennent sur ce point ajouter leur témoignage aux conclusions de la philosophie pratique : le mot *testamentum* qui s'appliquait à toute espèce d'instrument légal , est devenu l'acte par excellence , l'acte par lequel le mourant s'éclaire de son expérience pour disposer des fruits de son labeur.

Deux ordres d'idées ont présidé à l'adoption des principes qui régissent nos lois testamentaires : les théories sentimentales (et à présent réfutées) des philosophes du XVIIIe siècle, et la nécessité de détruire de puissantes fortunes qui auraient pu soutenir la monarchie croulante. Ce dernier motif contribua évidemment, beaucoup plus que le premier, à empêcher la promulgation d'une liberté légitime.

Ce fut en l'année 1791 , que , trois heures après la mort

de Mirabeau, on lut à la tribune de l'Assemblée constituante ,
le fameux discours sur la *suppression des testaments ;* proposition qui devint bientôt le sujet de graves discussions et
d'opinions très diverses.

Plusieurs voix s'élevèrent pour repousser toute disposition
contraire aux héritiers appelés par le droit commun , ainsi
que toute inégalité entre eux. « La volonté de l'homme ,
disaient les partisans de cette opinion , a pour limite nécessaire le terme de sa vie ; il use ou abuse de sa propriété tant
qu'il vit ; mais aucun des droits qui s'y rattachent ne peut
lui survivre ; d'ailleurs , on ne le prive de rien quand il n'est
plus , et c'est à la loi seule qu'il appartient alors de distri-
buer ce qu'il laisse. »

Pour environner ce système de la plus grande faveur possible , on ajoutait que l'interdiction de répartir inégalement
ses biens par des dispositions à cause de mort , ne serait pas
seulement utile aux familles en particulier, mais à l'association en corps , tandis que la volonté de l'homme prévalant
sur les distributions du droit commun , et perpétuant les effets
dans l'avenir, ne serait le plus souvent qu'en opposition avec
la nature , quelquefois avec les mœurs , et presque toujours
un sujet de haine et de dissensions dans les familles.

A ces diverses considérations il était répondu : que, pour
empêcher quelques dispositions injustes, il ne fallait point
paralyser dans la main du père de famille le plus noble attribut
de la puissance paternelle, celui de récompenser ou de punir ;

qu'on le dépouillerait ainsi de la faculté, devenant quelquefois
un devoir, de subvenir à des enfants plus maltraités que
d'autres par la nature ou la fortune ; que dans les autres
degrés de parenté l'obligation de laisser son bien aux parents
les plus proches sans qu'il fut loisible de faire aucune distinction entre eux, ou la prohibition absolue de laisser son
bien à d'autres qu'à ses parents, ne serait qu'une tyrannie,
à laquelle on se soustrairait par des moyens obliques ; enfin,
ou plus exactement, au premier rang de leurs motifs, les
partisans de la disponibilité testamentaire la signalaient
comme une faculté inhérente à la propriété même, et surtout
à la condition d'homme libre. « Pourquoi, disaient-ils, cir-
conscrirait-on les vues et les dispositions de l'homme dans
l'étroite enceinte de son existence personnelle? » Un grand
philosophe (1), se faisait une plus haute idée de notre être,
lorsqu'il plaçait dans ses attributs essentiels le pouvoir d'ex-
primer une volonté qui le faisait, en quelque sorte, survivre
à lui-même. Cette même pensée, du reste, a été suivie et dé-
veloppée par un profond publiciste, dans les termes suivants :

« **On** étend ainsi le pouvoir de la génération présente
« sur une portion de l'avenir, et l'on double en quelque
« façon la richesse de chaque propriétaire ; au moyen d'une
« assignation sur un temps où il ne sera plus, il se procure
« une infinité d'avantages par delà ses facultés actuelles (2).»

(1) Leibnitz, *Nova Methodus.*
(2) Bentham, en ses traités de législation, *Principes du droit
civil*, tome 2ᵉ partie, chap. IV, *Des Testaments.*

Même à cetté époque de trouble et de passion , il se ren-
contra donc des voix énergiques pour protester contre la
méconnaissance des droits les plus imprescriptibles de
l'homme. Malheureusement, ce cri de la vérité fut étouffé
dans le tumulte des orages civils, et plus tard, si les lois
draconniennes de 1791 reçurent des adoucissements , les
fausses théories furent assez puissantes pour aveugler les
esprits éminents qui travaillèrent au remaniement du Code.
Bien plus , c'est de nos jours seulement qu'il a été donné
de voir des hommes impartiaux se lever pour défendre la
base et le correctif de toutes les libertés. Ils ont d'abord
rencontré le parti-pris et le préjugé ; mais guidés par le
sentiment du devoir et soutenus pas le témoignage intérieur de la conscience , ils n'ont pas faibli dans leur entreprise, certains de dissiper tôt ou tard les brouillards entassés
par des adversaires de mauvaise foi.

V.

Le principal argument des adversaires de la liberté des
testaments consiste à s'efforcer d'établir une confusion entre
le droit d'aînesse et la liberté de tester. Lorsque ces pré-
tendus libéraux sont à bout de raisons , ils invoquent la légion des souvenirs glorieux pour masquer à propos le vide

duquel on pourrait profiter pour détruire leur ordre de ba-
taille. Le lien commun accourt renforcer le sophisme et, l'un
soutenant l'autre , ils n'ont pas de peine à surprendre le bon
sens du lecteur préparé à tout admettre , à tout accepter ,
par l'étude assidue de certaines feuilles que nous ne voulons
pas nommer. Un intervalle bien faible sépare le sophisme du
raisonnement solide ; il suffit de couvrir ce point faible par
une proposition ronflante pour assurer un siècle de durée à
un préjugé absurde.

Cependant quelques minutes de réflexion impartiale con-
vaincraient que le régime de la liberté testamentaire ne
peut amener en aucune manière la résurrection du droit
d'aînesse , et qu'il en est au contraire la négation absolue. La transmission presque intégrale des biens à l'aîné
des enfants était, sous l'ancien régime , imposée par une
loi , aux dépens des instincts du cœur, souvent aux dépens
de la raison. Le relâchement des liens de famille , à l'époque
où prévalait en France le droit d'aînesse , la politesse super-
ficielle et froide qui remplaçait le respect dû aux institutions
humaines les plus saintes , prouve évidemment qu'on subis-
sait les nécessités sociales, en se rendant parfaitement compte
de leurs contradictions et de leurs graves inconvénients.
Lorsque les formes convenues prennent une importance exagérée , c'est que les sentiments naturels et la raison se heur-
tent contre d'absurdes barrières et , fatigués de froissements
continuels , finissent par abdiquer leur légitime empire ;

en faveur de simulacres qui ne trompent que les esprits
légers.

La liberté des testaments serait au contraire la substitution
du libre exercice de la volonté et de la raison individuelles aux
inexcusables prescriptions d'une loi. Tout citoyen , digne
de ce nom , a commencé , dans son existence , une œuvre
quelconque , ou du moins a coopéré à quelque entreprise
répondant à ses intérêts, à ses aspirations ou à ses croyances.
Désireux de ne pas laisser interrompre le sillon qu'il a
tracé , ne choisira-t-il pas pour lui succéder l'individu qui
lui paraîtra le plus apte à continuer cette œuvre et cet indi-
dividu sera-t-il fatalement l'aîné de ses fils ? Ainsi tombe ,
de lui-même , le spécieux argument invoqué par certains
libéraux aveugles qui voient dans la concession de la liberté
testamentaire le rétablissement du droit d'aînesse, suivi d'un
cortége fantastique d'abus féodaux. Ils oublient qu'entre le
régime de conservation forcée et le régime de partage forcé ,
il existe un intermédiaire , la liberté des testaments , qui
combat ces deux systèmes avec une égale énergie.

VI.

Nous examinerons plus loin quelle action la liberté testamentaire exercerait sur la société. Qu'on nous permette ,
pour le moment , de déterminer le genre d'influence du par-

tage forcé. Créant la subdivision exagérée des fortunes , n'a-
mène-t-il pas , à chaque génération , les dissensions dans les
familles , par suite des désirs qu'éprouvent les diverses branches d'une même souche de jouir séparément des biens
qui lui sont attribués? N'entraîne-t-il pas d'innombrables
licitations fomentées , bien souvent , par la cupidité de certains officiers publics qui seuls en recueillent les fruits ? Enfin , affaiblissant les sentiments et le respect de l'autorité paternelle , ne jette-t-il pas dans la famille les germes d'une
désorganisation toujours croissante?

Cette désorganisation est malheureusement prouvée par
trop de faits pour qu'il soit possible de la nier. La démoralisation d'une partie de la jeunesse en est le symptôme le plus
frappant, car c'est la rigidité salutaire des liens de famille
qui seule maintient dans le devoir un âge impatient de jouir à
tout prix des plaisirs réservés à l'homme. N'est-on pas pro-
fondément attristé en entendant un président de tribunal cor-
rectionnel constater publiquement que tandis qu'autrefois on
voyait s'asseoir sur le banc des coupables seulement des cri-
minels vieillis dans la dépravation, la plus grande partie des
accusés appartient au contraire à la jeunesse, depuis quelques
années ! C'est là un de ces faits qui parlent plus haut que les
dissertations et qui répondent de la plus énergique manière
aux optimistes du temps présent.

Si maintenant, nous passons à des considérations plus gé-
nérales, nous verrons que si la prospérité nationale a atteint

un développement extraordinaire, les mœurs périclitent dans une mesure inquiétante. On demande à de rapides spéculations l'aisance, qui autrefois était la rémunération de l'économie et du travail assidus. Les fils, même les maris, se dégoûtent du foyer domestique, comme le prouvent le succès des cercles et la célébrité immorale du demi-monde. Le sentiment de l'honneur qui, à défaut de règles morales plus strictes, assurait l'observation des convenances, tend à s'effacer de jour en jour sans que la conscience du devoir vienne prendre sa place. Des livres licencieux des romans dont les héros sont des coryphées du bagne font les succès des librairies et des journaux à bon marché. Bien plus, le sentiment religieux s'affaiblit, comme le prouve la vente extraordinaire de certains ouvrages, dont l'idée-mère est le dernier blasphème.

Si, maintenant, nous reportant vers le passé, nous cherchons une époque qui présente des symptômes analogues de démoralisation, nous sommes frappés de l'analogie qui existe entre certains désordres sociaux du temps présent et la maladie morale qui rongeait le xviiie siècle.

En moins de cent ans, sous le régime du partage forcé, on a vu se produire les mêmes phases qui, sous le régime du droit d'aînesse, ont conduit notre pays à une catastrophe. C'est ainsi que se trouve vérifiée l'assertion de certains penseurs : « Dans le domaine des faits, les antithèses absolues produisent des résultats identiques »

VII

Beaucoup de gens qui appliquent un système commode et superficiel à l'étude des faits sociaux, seront portés à nier l'influence toute puissante du régime de succession sur les mœurs et sur la vitalité d'un pays. Cette influence s'admet cependant de prime abord, du moment qu'on prend la famille pour unité sociale, — il serait difficile de faire autrement — et qu'on envisage les conditions matérielles où elle se trouve placée comme déterminant sa destinée et ses coutumes ; elle s'admet enfin , du moment qu'on accorde une haute valeur à l'éducation , aux habitudes du foyer domestique , et au plus ou moins de durée dont elles jouissent au milieu des hasards de la vie.

Pour établir cette thèse avec une incontestable évidence, il suffit de se livrer à l'étude des systèmes comparés de liberté testamentaire et de partage forcé ; de constater les différences d'organisation et les divers degrés de prospérité des contrées où ils sont en vigueur, de déterminer à quelle occasion et dans quelles circonstances se sont établis les divers modes de transmission de la propriété. Cette sorte d'enquête sociale a été faite avec un entier dévouement, une lucidité parfaite et un rare talent d'observation, par un des économistes et des organisateurs les plus distingués de notre temps. Nous ne pouvons, faute d'espace, que renvoyer à ses ouvrages qu'il serait difficile de lire avec impartialité, sans immédiatement sentir la conviction s'imposer à l'esprit.

Nous lui emprunterons toutefois une anecdote caractéristique et qui prouvera mieux qu'une longue discussion la haute importance des systèmes de succession au point de vue de l'Etat. Un diplomate anglais insistait au congrès de Vienne pour imposer à la France des conditions léonines. Renouvelant la fameuse déclaration du *Væ victis*, il demandait que les frontières restreintes qui nous étaient conservées, fussent encore resserrées pour réduire à l'impuissance la nation dont les efforts venaient d'ébranler les assises de la vieille Europe, ses arguments furent combattus et ses conclusions repoussées. Il se consola de son échec diplomatique par ces paroles faites pour suggérer de profondes réflexions : « Après tout, il restera à la France, le régime de succession que lui ont imposé les révolutionnaires ; c'est pour elle une cause suffisante de faiblesse (1). »

Le bon sens britannique calculait juste en prévoyant que la société française serait encore exposée à bien des crises dangereuses ; mais il comptait sans les généreuses qualités d'un peuple, qui lui ont permis de soutenir victorieusement des chocs redoutables et qui lui permettront de réformer,

(1) M. F. Le Play. La *Réforme sociale*. Tome premier.

avant qu'il soit trop tard, les institutions défectueuses qui ont rendu stériles quelques-uns de ses plus nobles efforts.

C'est également ici le lieu de citer un passage caractéristique de la correspondance de Napoléon Ier, qui prouve combien ce grand génie s'illusionnait peu sur la véritable portée de la loi imposant le partage obligatoire des biens.

« Dites-moi, écrivait-il à son frère Joseph, roi de Naples,
« les titres que vous voudrez donner aux duchés qui sont
« dans votre royaume. Ce ne sont que de titres ; le princi-
« pal est le bien qu'on y attache. Il faudrait y affecter deux
« cent mille livres de rente. J'ai exigé aussi que les titrés
« aient une maison à Paris, parce que c'est là le centre de
« tout le système, et je veux avoir à Paris des fortunes *seules*
« *considérables*, puisque ce sont des fidéicommis , *et que ce*
« *qui ne sera pas elles va se disséminer par l'effet du*
« *Code civil. Etablissez le Code civil à Naples ; tout ce qui*
« *ne vous sera pas attaché va se détruire en peu d'années ,*
« et ce que vous voudrez conserver se consolidera. *Voilà le*
« *grand avantage du Code civil...* Il faut établir le Code
« civil chez vous ; il constituera votre puissance , parce que
« par lui tout ce qui n'est pas fidéicommis tombe , et qu'il
« ne reste plus de grandes maisons que celles que vous éri-
« gez en fief. C'est là ce qui m'a fait prêcher un Code civil
« et porté à l'établir. »

Après avoir rendu compte de quelques symptômes généraux qui démontrent l'opportunité de certaines réformes , il nous reste à suivre la discussion dans les détails et à démontrer les inconvénients du partage forcé en même temps que les avantages de la liberté testamentaire.

VIII.

Un des faits de nature à occuper le plus vivement l'attention du penseur et de l'économiste, est certainement l'arrêt qui semble s'établir dans l'accroissement de la population en France, ainsi que le constatent les statistiques officielles. Aucune cause physiologique ne saurait expliquer cette perturbation. L'alimentation et les conditions hygiéniques se sont améliorées considérablement depuis le commencement du siècle, comme le prouve du reste l'accroissement de la vie moyenne. Il faut donc chercher dans un autre ordre de faits l'explication de cette anomalie. Selon nous — et il est facile de le prouver — on ne peut attribuer qu'au partage forcé ce ralentissement dans la procréation humaine.

Dans toutes les contrées où un autre régime de succession est en vigueur, les familles restant groupées sur le bien dirigé par un de leurs membres, forment comme un tronc planté dans un large sol, et qui peut étendre librement des rameaux nourris d'une sève abondante. C'est uniquement lorsque se trouvent rassemblés un plus grand nombre d'individus que la fortune patrimoniale ne peut en faire subsister, qu'il devient nécessaire d'éloigner cet excédant, ce qui s'opère par voie d'émigration et au moyen des ressources fournies par l'épargne de la famille. — Ainsi se peuplent les colonies qui plus tard font le soutien de la métropole. — Dans les pays, au contraire, soumis au régime du partage forcé, les biens se divisent de plus en plus et — si nous reprenons la comparaison qui nous a déjà servi — chaque rejeton est planté à son tour dans une portion du sol qui devait sustenter le tronc primitif, ces familles voient naître avec effroi de nombreux enfants qui devant détruire, à un jour donné, par le partage, l'établissement du père, n'auront plus l'aisance et le bien-être qui leur étaient réservés. De cet état de choses provient, dans certaines classes de la société, une stérilité systématique, qui semble d'autant plus nécessaire que les frais de l'éducation au moyen de laquelle un grand nombre d'enfants pourraient suppléer aux ressources insuffisantes dont ils hériteront, seraient totalement hors de proportion avec les revenus paternels. Ainsi ce n'est qu'en violentant les lois de la nature, qu'on pare aux funestes conséquences de l'immixtion des lois civiles dans le domaine de la conscience et des intérêts privés.

IX.

Si maintenant nous envisageons la question sous un autre point de vue, nous nous apercevrons que le partage forcé entraîne les mêmes conséquences désastreuses que le droit d'aînessè. Beaucoup de jeunes gens, certains d'hériter à un moment donné d'une somme qu'ils peuvent évaluer à une minime fraction près, n'hésitent pas à renoncer à tous les avantages du travail pour mener une vie oisive et inutile. Ils ne trouvent que trop de facilités pour se livrer à leurs mauvais instincts, puisque la puissance paternelle étant désarmée de son droit le plus efficace, l'usurier peut, en toute sécurité, subvenir à la satisfaction de tous ses caprices. — Qu'on ne nous parle pas des restrictions par lesquelles le législateur a prétendu corriger les suites déplorables de l'affaiblissement du pouvoir de la famille. Il y a mille moyens faciles de les éluder, et chacun de nous peut aisément se rappeler plusieurs exemples déplorables qui réduiraient à néant ce moyen d'argumentation.

Le législateur, s'appuyant peut-être sur les tristes anomalies d'une époque féconde en crimes de toute sorte, a voulu priver le père du droit de punir ; s'est-il bien rendu compte qu'en même temps il le privait du droit de légitime récompense ? A-t-il prévu toutes les contradictions qu'entraîne le régime du partage forcé ? Il est permis d'avoir un doute à cet égard.

Sans vouloir faire du roman, supposons quelques cas difficiles — et ce ne sont pas les plus rares quoiqu'en disent les partisans, quand même, de notre régime de succession. D'ailleurs nous n'inventons pas ; nous empruntons en partie à un écrivain distingué (1) qui a traité la question avec beaucoup de logique, mais sous un autre point de vue.

Un petit propriétaire a deux fils et une fille ; les deux fils ont fait leur chemin, grâce aux immenses sacrifices que leur père s'est imposés ; la fille est restée au foyer domestique, elle a renoncé à se marier pour soigner son père, tous deux vivent économiquement, presque pauvrement, afin de réparer les brèches faites par les dépenses de l'éducation des deux fils. Ceux-ci n'ont plus besoin de rien, ils peuvent se suffire à eux-mêmes. Le père meurt. Il ne laisse à sa fille qu'une somme bien minime, trop minime même pour subvenir à ses premiers besoins, parce que la loi ne permet pas de déshériter les enfants qui ont acquis une position indépendante.

Un homme a deux fils ; l'aîné acquiert une grande fortune par un héritage, par une alliance, etc., il a droit à sa part dans la succession paternelle et le cadet doit se contenter de

____

(1) M. Milsand, — *Le Code et la Liberté.*

ce que lui accorde la loi. Un père ne saurait déshériter un fils millionnaire pour grossir la petite fortune d'un enfant moins favorisé.

Continuons nos suppositions. Un pauvre enfant invalide ne sera jamais à même de gagner son pain. Il a un frère bien portant et fort, son père ne peut l'avantager que dans une mesure d'autant plus faible que sa fortune sera plus médiocre. La loi ne permet pas de dépouiller un enfant robuste pour vêtir et nourrir un pauvre infirme dont la vie est attachée bien souvent aux soins dispendieux que nécessite son état.

Nous entendons déjà l'objection suivante : Vous ne tenez pas compte de la bienfaisance inhérente à notre nature et vous supposez que tous les frères sont des égoïstes. Nous répondrons que lorsque la loi se défie des sentiments les plus sacrés : l'amour et l'anxiété paternels, on ne saurait invoquer pour la défendre des arguments basés sur des sentiments moins puissants et plus rares.

Ceux qui s'opposent de toutes leurs forces à la promulgation de la liberté testamentaire, invoquent à l'envi les chances de captation qui peuvent se produire avec ce régime : « *Prenez garde*, disent-ils, *le mourant, le vieillard seront assiégés de tous les côtés et par tous les moyens ; ils pourront frustrer leurs familles d'une grande partie de leurs biens pour les livrer à des gens indignes.*

Nous répondrons, sans insister sur ce point, qu'il n'y eut

et qu'il n'y aura jamais de lois qui ne puissent être violées , parce qu'il y aura toujours des vices plus forts ou plus habiles que ces lois mêmes, et que, quelque soit le régime de succession, il existera en tout temps mille moyens de dénaturer ou de faire disparaître , en la *mobilisant* , la plus grande partie, la totalité même d'une fortune.

Nous répondrons , enfin , que de toutes les captations, celle qui s'exerce à l'égard de l'inexpérience , est , certainement, la plus fréquente et la plus dangereuse. Le Code a bien peu de dispositions qui protégent la jeunesse contre les erreurs où la ruse et la passion peuvent la précipiter.

Nous croyons que , sur ce terrain , comme sur tous les autres, le régime le meilleur est celui qui développera le plus l'esprit de famille, en imposant au père plus de sollicitude, plus de responsabilité morale dans le partage judicieux de sa succession.

X

Après avoir traité la liberté testamentaire au point de vue de l'organisation de la famille, essayons d'examiner les transformations et les améliorations qu'elle pourrait introduire dans la propriété agricole ou industrielle.

Ce n'est point ici le lieu d'entamer une discussion abstraite sur la propriété ; toutefois il nous sera permis de poser en principe que celle-ci consiste en un certain nombre d'éléments d'existence, fondés directement ou indirectement sur le travail. D'un autre côté, une loi imprescriptible ordonne à l'homme de vivre des produits de son travail passé et non des fruits du labeur présent ou à venir ; son premier soin sera, par conséquent, d'assurer la transmission d'un ensemble d'éléments de travail aussi complet que possible, afin qu'il n'y ait aucune interruption dans leur rendement. Si malheureusement un système producteur est morcelé, il y a évidemment une perte considérable non seulement au point de vue du produit ; mais encore au point de vue de la valeur intrinsèque. Prenons un exemple : un instrument quelconque composé de fer et de bois sert à exécuter un certain travail. Il est clair que cet instrument aura une valeur bien supérieure par l'intérêt qu'il produit à celle des éléments qui le composent. Supposez maintenant qu'un individu en réclame le manche et un autre le fer. De deux choses l'une : ou ils seront obligés à faire séparément une dépense pour profiter des éléments qu'ils ont acquis, ou les parties ainsi divisées n'auront que leur valeur brute, et la somme représentant le travail nécessité par la fabrication de l'instrument sera complètement perdue. — Cet exemple s'applique avec une logique irrécusable au système du partage forcé et nous fournira la solution de quelques questions intéressantes, très rarement abordées jusqu'ici.

Tout produit est la concrétion d'une somme de travail. En dehors du produit périodique représentant la supériorité des efforts de l'homme sur la résistance passive de la nature, il existe une sorte de bénéfice qui est au produit périodique comme l'intérêt composé est à l'intérêt simple et qui représente le fruit du travail nécessité par l'organisation plus ou moins intelligente des éléments composant le système en activité. Cet intérêt, qui seul constitue le bénéfice réel et qui, dans l'histoire de l'industrie et des arts, est représenté par la somme de civilisation de laquelle on jouit, cet intérêt nous l'abandonnons en grande partie à chaque génération sous trois formes d'impôts — droits de succession, honoraires des officiers publics, frais de licitation — sans parler de l'immense perte répartie entre les divers héritiers et qui découle de la désorganisation d'un système d'éléments de travail. A mesure que nous envisagerons le partage forcé dans ses applications à l'agriculture et à l'industrie, nous verrons des exemples frappants de cette dissipation organisée par la loi, au plus grand préjudice des citoyens et presque sans bénéfice pour le budget.

XI

Si nous examinons d'abord les effets du partage forcé sur la propriété agricole, nous arriverons à cette triste conclusion : le remède aux maux engendrés par ce système, c'est l'instabilité, et l'instabilité ne s'obtient qu'au prix de la corruption des mœurs.

En effet, si les fortunes acquises dans l'industrie ne contribuaient pas à reconstituer, dans une certaine mesure, la richesse nationale ; si l'esprit de spéculation et d'aventure, ainsi que la prodigalité ne se liguaient pour produire des fluctuations dans les fortunes particulières, les pays soumis au régime du partage forcé seraient bientôt subdivisés en parcelles lacédémoniennes. C'est un résultat dont les partisans aveugles d'une fausse démocratie peuvent se réjouir; mais tous les hommes intelligents qui envisagent la réforme sociale sous un point de vue pratique, qui étudient les faits et ne cherchent pas à faire résonner des phrases doivent s'effrayer de ce premier succès obtenu par les avocats du système des phalanstères et de l'harmonie universelle.

La destruction de la grande propriété foncière pouvait sembler essentielle au succès des idées de 1789. On voulait détruire radicalement une caste puissante et impopulaire, quoiqu'elle ne fût pas toujours hostile aux réformes qu'on désirait introduire. Suivant en cela l'exemple de l'Angleterre qui ruina les populations catholiques en imposant le partage forcé aux propriétaires appartenant à la confession romaine, les révolutionnaires crurent trouver dans la division indéfinie des biens le dissolvant nécessaire pour détruire les vestiges de l'ancien régime. Ils réalisèrent le but politique qu'ils s'étaient proposés ; mais ils ne s'aperçurent pas qu'ils introduisaient dans le corps social un élément délétère qui rendrait pour longtemps stériles les plus nobles aspirations à la liberté.

Maintenant que nous souffrons plus du remède employé par nos pères que de la maladie qui les avait engagés à employer ce dangereux spécifique, nous ferions bien d'examiner le rôle de l'agriculture dans un État , ainsi que l'utilité résultant de son fécond développement.

Quelques économistes prétendent que la petite propriété suffit seule aux progrès de l'agriculture. Si nous voulions nous livrer à une enquête approfondie, nous trouverions cependant un grand nombre de faits qui démentent absolument cette assertion. Beaucoup de grands propriétaires, que les changements de dynastie ont forcé de se retirer de l'arène politique, sont devenus des agronomes distingués et se sont modestement dévoués à féconder le sol d'un pays qui les excluait des conseils gouvernementaux. Si l'on feuillette les revues agricoles, les comptes-rendus scientifiques, les traités spéciaux , on verra presque toujours les applications nouvelles , les innovations intelligentes , associées au nom d'un propriétaire important qui s'efforce de faire participer ses concitoyens moins fortunés aux avantages dont il jouit luimême , en vulgarisant par l'exemple les méthodes les plus rationnelles et les découvertes les plus récentes.

Si maintenant nous consultons avec impartialité les documents de l'histoire, nous verrons que la création d'un vaste domaine a toujours eu pour conséquence un progrès agricole dans la contrée environnante. Sans compter la construction de nouvelles routes — ces vaisseaux sanguins du corps social, — sans compter l'élévation de la valeur des denrées et la demande croissante d'objets de consommation soldée par le riche au profit du pauvre ; sans compter également l'emploi d'un grand nombre de journaliers qui trouvent dans leurs salaires une rétribution excédant de beaucoup le fruit de leur labeur ordinaire; un domaine considérable est une sorte d'école d'agriculture qui excite l'esprit d'initiative et répand, par le plus fécond des enseignements — l'enseignement pratique — une multitude de notions applicables aussi bien à l'exploitation des terres de paysans qu'aux parcs et aux jardins du riche. Du reste, ne voyons-nous pas de nos jours le chef de l'Etat choisir les contrées les plus pauvres et les plus mal cultivées de la France pour y établir des domaines, destinés à devenir comme un centre d'où le progrès agricole rayonnera sur les campagnes environnantes ?

Tel est le rôle de la grande propriété dans un pays où ne sévit pas le fléau de l'absentéisme. Propager par l'exemple les méthodes fructueuses, activer la production et faciliter l'échange des denrées, ouvrir de nouveaux débouchés, rendre enfin accessibles au peuple les idées nouvelles en ce qu'elles ont de pratique. Ajoutons, pour compléter ce résumé, que l'élève et surtout le perfectionnement du bétail et de la race chevaline ne sont possibles que grâce à la grande culture et que, dans tous les districts où le partage forcé a introduit un morcellement indéfini de la propriété, la culture maraîchère et l'élève des volailles les remplacent, au grand détriment de la prospérité publique. La production des céréales elle-même est entravée par ce système, comme le prouvent des importations qui ne devraient pas avoir lieu dans un pays aussi bien doué que la France sous le rapport du climat et du sol.

La prospérité d'un canton résulte d'un sage équilibre dans la répartition de la grande et de la petite propriété. L'une répand les germes que l'autre recueille et s'efforce de faire fructifier. La liberté testamentaire, favorisant également le riche et le pauvre, agirait sur notre organisation rurale de la manière la plus efficace et ne tarderait pas à reconstituer les éléments agricoles dans des conditions véritablement rationnelles. Pour le prouver, il nous suffira de démontrer que ce régime serait encore plus avantageux pour le paysan que pour le propriétaire opulent.

C'est un fait incontestable, qu'en France une succession qui s'élève à moins de 500 francs, est le plus souvent dévorée par les frais nécessaires pour arriver à la recueillir. La loi, en voulant entourer de toutes les garanties les intérêts des héritiers, a imposé à ceux-ci des charges quelquefois supérieures à la somme qui devrait être acquise. A chaque instant la fable de Lafontaine : *Le lièvre et les chasseurs* est mise en action par les gens de loi au détriment du petit propriétaire.

Celui ci doit se satisfaire, en réfléchissant qu'il courait risque de se voir frustré d'une partie de son héritage dont jamais il n'aurait pu se rendre compte. Au lieu de cela, on lui présente une admirable note où tout est clair, précis, détaillé. Il peut suivre les démarches des officiers publics qui se sont opposés à toute infraction faite à ses droits. Il est vrai que le total est équivalent à la somme léguée ; quelquefois il la dépasse. Qu'importe, la forme est observée et Brid'oison peut se frotter les mains.

Ecoutez se plaindre le paysan qui a fait une petite succession, et vous verrez si le régime de la liberté testamentaire, entraînant la suppression d'un grand nombre de formalités nécessaires seulement lorsque la loi prétend se substituer à l'autorité du père de famille, ne serait pas accueillie avec enthousiasme par ces populations rurales que des publicistes peu convaincus représentent comme aveuglément attachées à notre régime actuel de succession (1).

La tendance du peuple des campagnes à émigrer dans les grandes villes est encore une des funestes conséquences du partage forcé. Non seulement l'agriculture trouve difficilement à recruter les bras qui lui sont nécessaires, mais encore le relâchement des mœurs qui se produit inévitablement

(1) Il est peu nécessaire d'appuyer par des exemples pour un fait si bien établi ; toutefois, nous citerons comme trait caractéristique, la *Monographie d'une succession d'ouvrier propriétaire*. (*Réforme Sociale*, tome II, page 370.)

dans les agglomérations humaines , pénètre par degré dans les districts ruraux, et mine ainsi l'élément le plus vigoureux et le plus essentiel d'une nation. La division incessante de la propriété , jointe à la désorganisation inévitable de la famille, introduisent dans les campagnes une sorte de prolétariat qui, chaque année, fournit aux cités un contingent d'éléments instables lesquels, bien souvent, augmentent les victimes de la débauche. En outre , la difficulté de subvenir à l'entretien de ses proches par quelques parcelles de terre, impropres à une exploitation fructueuse , pousse le père de famille à envoyer ses enfants dans les villes pour se décharger d'un lourd fardeau, en même temps que pour les mettre en état de pourvoir aux frais de leur établissement ultérieur. Enfin, l'appât d'un salaire relativement élevé , séduit beaucoup de jeunes gens robustes et actifs, qui abandonnent leur pays natal, pour aller perdre leur santé et leurs bonnes qualités natives au milieu de la corruption des grands centres. Quelques-uns réussissent : compte-t-on ceux qui succombent ?

Ce besoin d'émigration qui s'augmente d'année en année, et qui ne provient pas comme dans d'autres pays d'un accroissement de population, ne peut trouver de palliatif que dans la réorganisation de la famille sur des bases solides. Autant l'émigration dans les colonies est avantageuse à un Etat, autant est pernicieuse l'émigration dans les villes. Il en résulte une véritable hypertrophie de certains organes du corps social, d'où dérivent, comme dans l'ordre physique, une foule de désordres, et un appauvrissement graduel de la force vitale.

Ne cherchons point seulement à améliorer la culture et le sort de ceux qui travaillent la terre, en remaniant des impôts, en distribuant des encouragements, ou en fondant des sociétés de capitalistes. Ayons le courage d'attaquer le mal dans sa racine en resserrant les liens, et en transformant la condition de la famille, par l'établissement de la liberté testamentaire. Etablissement qui se ferait d'ailleurs de lui-même et sans commotion, comme nous espérons le prouver plus loin.

XII

La liberté testamentaire ne serait pas moins avantageuse à la propriété industrielle qu'à la propriété agricole, le partage des biens agit beaucoup plus promptement et beaucoup plus radicalement sur les usines qui reposent avant tout sur le roulement des capitaux. La transmission de père en fils de ces établissements, devient chaque jour plus rare ; il en résulte une activité souvent funeste dans les spéculations. Le père de famille n'envisageant pas l'exploitation à laquelle il se livre comme une propriété solide acquise à ses enfants, se hâte de tenter le hasard pour essayer de réaliser une fortune qui assure l'avenir des siens. Au lieu d'entrer dans une carrière avec l'enseignement et l'appui des traditions, les jeunes gens ne prenant conseil que de leurs désirs, et souvent de leurs chimères, embrassent la profession qui leur semble la plus séduisante, et devenus pères à leur tour, sont incapables de faire profiter leurs enfants des fruits d'une dure expérience et des avantages moraux résultant du travail auquel ils se sont livrés.

Ce sont, cependant, les grandes maisons industrielles et commerciales, transmises de père en fils, qui ont fondé la civilisation moderne. Leur complète disparition cause dans un Etat une anarchie financière, dont le symptôme le plus grave et le plus apparent est l'activité effrénée de l'agiotage qui épuise les ressources nationales au lieu de les développer comme le font des opérations sérieuses. Ajoutons que si la non-transmission intégrale des comptoirs importants, a semblé jusqu'à ce jour inutile à la prospérité de la France, si la nation a pu se maintenir, à un degré respectable, au rang des peuples livrés au commerce, c'est qu'une législation exceptionnelle combattait en partie la mauvaise influence du partage forcé.

Sous l'ancien régime de protection, la subdivision des fortunes et par conséquent des éléments de travail, ne pouvait avoir qu'une action relativement restreinte sur l'industrie nationale. N'ayant pas à lutter contre la production étrangère, nos manufacturiers se trouvaient beaucoup moins qu'aujourd'hui exposés à subir l'influence redoutable des agglomérations de capitaux qui, en matière commerciale, jouent le même rôle que les gros bataillons en stratégie.

Depuis que la liberté de commerce a été inaugurée, au contraire, nous nous trouvons exposés à la concurrence de l'Angleterre et des Etats-Unis, où la transmission des grands établissements industriels permet à la production d'atteindre des conditions exceptionnelles, sous le double rapport de la quantité et du bon marché. On sait combien est ardue et périlleuse la création d'une usine importante ou d'une grande maison de commerce international ; combien de dépenses, de pertes, de fatigues, nécessitent leurs premières opérations. Ce n'est qu'au bout de plusieurs années que les bénéfices viennent récompenser le fondateur de ses peines et de ses soucis et lui permettre d'étendre le cercle de ses opérations. Si des circonstances favorables font passer l'établissement en pleine activité et sans charges aux mains d'un successeur habile, celui-ci se voit bientôt à la tête d'une maison véritablement européenne et qui peut défier toute concurrence.

Malheureusement, en France, ce dernier cas n'est qu'une exception, tandis que c'est presque la règle en Angleterre et en Amérique. Qu'arrivera-t-il si, tous les trente ans, nos établissements industriels doivent subir les transformations qu'entraîne le régime du partage forcé ? Nous succomberons inévitablement devant la suprématie commerciale de l'Angleterre et des Etats-Unis , où l'élément producteur n'est jamais exposé à une déperdition de capital.

On nous objectera peut-être que l'association peut combattre certains inconvénients du partage forcé dans le domaine industriel. Nous répondrons que dans les pays où règne la liberté testamentaire, l'association est au moins aussi fréquente et aussi puissante qu'elle le serait jamais en France, et que par conséquent ils possèdent un élément additionnel de supériorité sur nous.

Pour montrer par un seul fait à quels dangers, à quels chocs subits sont exposés nos établissements industriels, par suite des prescriptions si vantées de notre Code civil, examinons un cas qui se présente fréquemment : Deux époux vivent sous le régime de la communauté des biens, la femme vient à mourir au moment où le mari est à la tête d'un vaste établissement qui a besoin, pour ne pas péricliter, de tout le capital disponible. Aux termes de la loi, les enfants majeurs peuvent exiger le paiement et le partage de la moitié de la fortune acquise au moment du décès. Le père se trouve donc être ruiné par suite des nouvelles conditions où il se voit placé instantanément. Ainsi est justifiée une fois de plus cette maxime romaine qui pourrait être inscrite en regard de plus d'un texte de loi : *Summum jus, summa injuria.*

Ajoutons enfin que la supériorité commerciale de l'Angleterre et des Etats-Unis provient beaucoup de l'éducation pratique donnée aux fils d'industriels et de négociants, qui ap prennent de bonne heure le maniement des affaires. Placés sous la dépendance du chef de famille, ils s'empressent de déférer à ses vœux et de se mettre en état de continuer l'œuvre paternelle. En France, au contraire, protégés par la loi dans leurs intérêts, les jeunes gens appartenant à cette classe, résistent bien souvent à tous les ordres et à tous les conseils, et augmentent le nombre des prodigues et des oisifs.

XIII

La liberté testamentaire, loin de favoriser exclusivement la transmission des grandes fortunes, comme le veut un préjugé répandu, serait au contraire tout à l'avantage des classes laborieuses et placerait les populations ouvrières dans des conditions aussi nouvelles qu'avantageuses. Lorsqu'un artisan meurt, ses outils sont partagés entre ses héritiers dont chacun au lieu de posséder un ensemble d'instruments de travail se trouve recevoir une somme minime équivalent seulement à la valeur brute des objets. Si l'artisan possède un fond exploitable, comme un petit atelier de tourneur, de menuisier, etc., son commerce cesse avec lui ; son fonds est vendu dans les conditions les plus défavorables et les cohéritiers se voient contraints de renoncer aux résultats d'un long et pénible labeur. Si, au contraire, la liberté des testaments nous était accordée, la petite industrie pouvant se perpétuer dans les familles, celles-ci ne se verraient pas dépouillées en un jour des fruits du travail de l'un de leurs membres. Le fils le plus capable hériterait de la totalité du fonds, à charge pour lui, d'assurer selon ses moyens l'existence de ses frères ou de ses autres parents, soit en leur partageant une partie de l'usufruit, soit en les associant à son exploitation. Les éléments de travail réalisés à l'aide d'une économie assidue, ne cesseraient ainsi de produire un légitime intérêt et ne seraient point dispersés sans profit ou vendus pour l'équivalent de leur valeur intrinsèque.

C'est aussi notre régime qui s'oppose sous certains rapports à l'amélioration de la condition des ouvriers Il est difficile, en effet, au manufacturier qui doit créer péniblement un établissement prospère, de faire bénéficier ceux qu'il emploie aux gains dont l'usage lui est indispensable pour développer l'activité de son usine. Avec la liberté testamentaire, il lui serait facile, étant certain de transmettre à ses enfants un établissement que sa mort ne désorganise pas, de faire participer ses ouvriers aux heureux résultats obtenus par son industrie.

Chacun y trouverait son avantage. Les manufacturiers y gagneraient un concours plus actif et plus dévoué ; les ouvriers placés dans une situation plus stable perdraient bientôt, en grande partie, les funestes inclinations qui résultent du scepticisme, conséquence inévitable de la vie au jour le jour. L'harmonie s'établirait bientôt et nous n'aurions plus le triste spectacle des perturbations sociales résultant du désaccord entre les patrons et les ouvriers.

Les meilleures intentions des propriétaires de fabrique sont au contraire déplorablement entravées par le régime du partage forcé. Quelques-uns cependant luttant contre tous ces désavantages, sont parvenus à améliorer sensiblement par l'association le sort de leurs employés. La France leur en sait gré et devrait récompenser leurs efforts, au même titre que ceux des fonctionnaires et des militaires, en leur accordant la croix de la Légion d'honneur, car eux aussi ont travaillé et lutté victorieusement pour maintenir leur patrie au rang qui lui appartient.

XIV

Lorsque des lois plus en rapport avec les besoins de l'époque auront été promulguées en ce qui concerne la propriété des inventions ou des œuvres de littérature et d'art, la liberté testamentaire complètera les intentions du législateur en permettant l'exploitation fructueuse des produits du savoir et de la fantaisie. C'est en grande partie aux obstacles soulevés par un régime défectueux de succession

que nous sommes redevables de bien des tâtonnements
sur la question de la propriété intellectuelle. Comment
diviser une possession toute morale , qui ne peut tirer
sa valeur que d'une exploitation intelligente ? La liberté
testamentaire en autorisant la transmission des droits sur
une œuvre ou une invention , résoudra la difficulté et
permettra enfin au savant , à l'artiste , à l'homme de let—
tres de faire profiter réellement les siens du fruit de ses
veilles et de son talent.

XV

Nous avons essayé d'esquisser le tableau des inconvénients
du partage forcé et des avantages de la liberté testamentaire
au point de vue de la famille et de la propriété. Examinons
maintenant la question à un point de vue général.

C'est sous le rapport des institutions politiques surtout
que nous sommes habitués à admirer les institutions an-
glaises et américaines ; nous voyons en effet deux peuples,
dont le pavillon flotte sur toutes les mers, maintenir l'autorité de la loi à l'intérieur et l'ascendant national à l'ex-
térieur avec des moyens relativement restreints. La force
d'expansion , la fermeté et l'abnégation qui leur permettent
de surmonter impunément des crises redoutables , nous

semblent dues aux habitudes politiques , aux franchises accordées par le gouvernement ; elles sont au contraire la conséquence de la liberté civile la plus étendue , basée sur un régime de succession éminemment libéral (1).

Les mêmes causes produiraient chez nous les mêmes effets. Sous l'influence d'une plus large organisation des pouvoirs de la famille , nous verrions se développer un esprit plus pratique et plus actif qui féconderait toutes les branches de l'industrie et du commerce : nos colonies se peupleraient , notre marine marchande cesserait de lutter dans des conditions désavantageuses contre la concurrence étrangère, et grâce aux efforts de puissantes maisons d'armement , nous verrions bientôt nos ports se remplir de flottes pacifiques arborant le pavillon français.

(1) On doit s'étonner qu'à une époque où les relations internationales sont si fréquentes et si intimes, la connaissance des institutions étrangères soit si peu répandue ; ainsi, il n'est pas rare d'entendre des écrivains fort instruits avancer gravement que l'Angleterre est soumise au régime du droit d'aînesse. Ils confondent le système des substitutions avec le système de la conservation forcée, quoiqu'en réalité, le premier, s'il est condamnable, ne l'est que comme une exagération de la liberté testamentaire, permettant un legs à des individus qui ne sont pas nés. En dehors du très petit nombre de substitutions qui règlent la transmission des propriétés aristocratiques, en Angleterre, la liberté de tester la plus absolue règne dans ce pays. C'est , à proprement parler, la patrie de l'exhérédation ; le père a le droit de déshériter un fils indigne , à condition qu'il lui léguera la somme dérisoire d'un shilling ; c'est la formule imposée par la loi. Telle est la coutume d'un pays où prévaut le soi-disant droit d'aînesse ; jamais les partisans de la liberté testamentaire , en France , n'iraient jusque là.

Nous ne prétendons pas imposer l'exemple de l'Angleterre et de l'Amérique comme idéal de notre organisation civile. Nous ne sommes pas des doctrinaires, et nous ne nous lançons pas sans preuve à l'appui dans le vaste champ des déductions philosophiques. Si cependant nous abordions le sujet à ce point de vue, nous aurions la partie belle.

N'est-il pas absurde qu'un homme ait le droit de se ruiner pendant sa vie, et de laisser sa famille sans aucune ressource, tandis qu'il ne peut disposer à son lit de mort de cette même fortune? Qu'on ne nous parle pas des restrictions légales qui apportent obstacle à la dissipation. L'interdiction, la séparation de biens, sont invoquées, dans la plupart des cas, lorsqu'il est trop tard, et d'ailleurs échouent bien souvent devant l'habileté de l'avocat, ou bien, lorsqu'elles sont prononcées, peuvent être éludées, grâce aux conseils et à l'intervention de légistes véreux. On l'a dit avec raison, les réseaux de la loi ont des mailles complaisantes qui arrêtent seulement les hommes qui ont un peu de cœur et de conscience. mais qui livrent aisément passage aux gens dépourvus de tout respect pour cette stricte honnêteté qui n'est pas inscrite au Code parce qu'elle devrait se trouver dans la conscience de tous.

Il est bien entendu d'ailleurs qu'en demandant la liberté testamentaire nous ne prétendons pas réclamer le droit de déshériter complètement ceux auxquels nous devons la nourriture et l'entretien en retour de la vie que nous leur avons donnée. Le père fournira toujours les *aliments* aux siens en raison de sa fortune ou de ses revenus. Ce sera au législateur, éclairé par une enquête, à régler la proportion dans laquelle peut s'établir cette espèce d'opposition sur les biens personnels. Moins absolus mais plus logiques, nous le croyons, que les Anglais et les Américains , nous n'admettons pas que les enfants, étant en quelque sorte partie intégrante de ceux auxquels ils doivent le jour, n'aient pas également droit à une portion dans leur bien , qui les mette à l'abri des besoins pressants. Nous dirons avec Bentham : « En faisant du père un magistrat , il faut bien se garder d'en faire un tyran ; si les enfants peuvent avoir des torts, il peut avoir les siens ; et de ce qu'on lui donne le pouvoir de mettre ses enfants à l'amende , il ne s'ensuit pas qu'on doive l'autoriser à les faire mourir de faim : aussi l'institution de ce qu'on appelle en France une *légitime* est un milieu entre l'anarchie domestique et la tyrannie. »

Malgré l'autorité de l'éminent publiciste , nous n'hésitons pas cependant à contredire la vérité de sa dernière proposition. Inscrivons dans notre Code que le père devra léguer les aliments à ses enfants selon ses moyens , mais ne leur donnons pas du vivant du chef de famille une sorte de créance hypothécaire sur sa fortune en leur attribuant une *légitime*. Tous les inconvénients du partage forcé se représenteraient quoiqu'avec moins de force. Nous verrions les officiers publics ressaisir l'influence exagérée dont les arme la loi. Nous verrions renaître les procès inutiles poussés par le discrédit où est tombée la volonté paternelle et par les équivoques inhérentes à une loi qui prétend déterminer minutieusement les droits de chacun.

Enfin, nous ajouterons que, loin de prétendre introduire un germe de désordre et de désorganisation dans la société pour préparer le triomphe d'idées exclusives et arriérées que nous répudions, il faudra un long travail d'initiation pour inspirer au peuple le désir et la volonté nécessaires à l'exercice de ses droits. Nous pensons aussi que toutes les fois que le partage égal pourra s'opérer dans des conditions profitables pour tous, il se maintiendra par la force de la tradition et qu'ainsi nous concilierons les avantages inhérents aux régimes de succession les plus opposés.

XVI.

De nos jours les luttes de la presse et de la tribune, fomentées par beaucoup de préjugés et un parti-pris évident, ont habitué les écrivains et les orateurs à invoquer des maux réels ou imaginaires pour servir d'appui à leurs arguments et pour placer leurs contradicteurs dans une fausse situation en les sommant de réfuter des accusations dont bien souvent ils ne sauraient être responsables. Ce procédé est habile et il est demeuré efficace parce qu'il n'a point encore été suffisamment signalé. Il dégrade, il est vrai, la dignité des sciences politique et sociale en prouvant que les faits et les principes fondamentaux peuvent servir toutes les causes au moyen d'un déguisement convenable. Qu'importe ! on s'est servi d'une arme nouvelle et l'on se croit vainqueur jusqu'au moment où l'adversaire vous inflige à son tour une blessure avec l'engin meurtrier au moyen duquel vous vous promettiez de faire merveilles.

Telle ne doit pas être la méthode des hommes qui n'appartiennent qu'au grand parti national et qui acceptent toutes les opinions justes, quels que soient les principes politiques et les vues personnelles de ceux auxquels elles servent de signe de ralliement. Mais il ne suffit pas d'indiquer le mal et même le remède : il faut encore examiner la meilleure manière d'appliquer le palliatif, de façon à ne pas amener ces crises violentes qui compromettent souvent à tout jamais la prospérité et le bon sens d'une nation.

Quelle est la voie à suivre pour démontrer officiellement la nécessité de la liberté testamentaire, indiquer les limites dans lesquelles elle doit être circonscrite , et enfin assurer la véritable interprétation de ce changement dans le code civil, parmi toutes les classes de la société ?

En France , où l'on aime à parler et à écrire , parce qu'on parle et qu'on écrit passablement, la réponse ne saurait se faire attendre et l'on dira, à peu près à l'unanimité : « Défendez votre cause par l'organe de la presse, adressez-vous aux Chambres et tâchez d'obtenir que le gouvernement consente à examiner sérieusement la question. »

Le conseil est excellent, à cela près qu'il précipiterait, s'il était suivi, une question très délicate et très importante dans les engrenages de lieux-communs qui fonctionnent dans les feuilles périodiques et ailleurs, pour le plus grand plaisir du public, pour la plus grande gloire et la plus grande commodité des demi-dieux qu'adore le peuple des abonnés naïfs. Après avoir subi une avalanche de redites, d'apostrophes véhémentes, la question serait reléguée au rang des utopies avec les autres libertés civiles ; les publicistes s'empresseraient de remonter sur les ardents coursiers de bois qu'ils manient avec tant de souplesse et d'habileté, les libertés politiques.

Toutefois, des écrivains éminents du parti libéral ont reconnu avant nous les effets désastreux de notre régime de succession. Ecoutons M. Nefftzer qui les apprécie en ces termes :

« Nous demandons tous les jours la liberté d'association
« et la liberté de la commune; mais au delà des groupes dont
« nous revendiquons l'autonomie, il y a l'individu et la fa-
« mille, dont l'indépendance et la consistance sont sapées
« à la racine par la loi du partage forcé. En la décrétant, la
« Révolution a sacrifié la réalité à un idéal de justice abs-
« traite, et s'est, d'ailleurs, arrêtée à moitié chemin, car

« entre le partage forcé des biens patrimoniaux entre
« tous les enfants et l'égal partage de tous les biens
« entre tous les citoyens , il n'y a qu'une différence du
« moins au plus , et aucune différence de principe. La sup-
« pression de la liberté du père de famille entraîne la sup-
« pression de la liberté générale. La justice mathématique
« du Code civil broie et détruit incessamment les for-
« tunes et les situations acquises ; c'est toujours à recom-
« mencer, et les éléments libéraux , qu'il ne faut point
« chercher dans des formules abstraites , mais dans l'indé-
« pendance des personnes , n'acquièrent jamais assez de
« consistance pour faire échec au pouvoir absolu de l'Etat.
« Toutes les familles , tous les citoyens , sont trop cons-
« tamment ramenés à leurs propres affaires pour pouvoir se
« tourner avec succès , indépendance et désintéressement
« vers les affaires publiques ; leurs aspirations libérales ne
« peuvent que renouveler l'histoire de Tantale et de Sisi-
« phe, et l'Etat omnipotent reste maître du terrain. »

Quel secours réel devons-nous attendre de la presse et de
l'exercice du droit de pétition au Sénat ? Si ces moyens sont
inefficaces , quels sont ceux qui pourraient jeter sur la
question une lumière inattendue ? Ici qu'on nous permette
de céder la parole à l'homme éminent qui a consacré sa vie
entière à l'étude des faits sociaux et a tracé la route que
devront suivre désormais les esprits désintéressés et
préoccupés du bien. Avec une clairvoyance que personne ne

songe à nier, il indique à la fois la méthode à suivre pour
donner satisfaction à toutes les aspirations légitimes et pour
créer l'harmonie en établissant l'unité des vœux et des
efforts :

« Le plus sûr moyen que le gouvernement puisse employer, après tant de discordes , pour produire enfin cette
unité de vœux et d'efforts, est de créer peu à peu un plan de
réforme qui donne satisfaction aux vrais intérêts nationaux.

« Les pouvoirs publics ne sauraient se flatter aujourd'hui
de déduire un pareil plan, comme on l'a souvent fait dans
l'antiquité, d'une notion supérieure de raison et de justice
s'imposant à tous les citoyens. Les intérêts sont tellement
compliqués par le progrès de la civilisation; la direction de
grandes entreprises privées a formé tant d'hommes capables
de régler ces intérêts avec discernement, que le législateur le
plus éminent, ne pourrait désormais suffire seul à cette tâche.

« Le gouvernement ferait également fausse voie en conti-
nuant à employer, comme moyen d'information, le système
de *commissions consultatives*, qui depuis deux siècles a propagé chez nous tant d'erreurs et autorisé tant de fausses mesures. Dans ce système, l'autorité supérieure qui veut être
éclairée sur l'opportunité d'une réforme, institue la commission, en choisit le personnel et pose les questions à ré-
soudre; et il suffit presque d'indiquer le principe de l'institution pour en signaler les inconvénients.

« L'autorité qui n'a point de parti pris sur la question

mise à l'étude, est loin de connaitre les personnes capables de l'éclairer, et presque toujours elle laisse en dehors de la commission les hommes les plus compétents. Ce moyen d'information est donc, même dans le cas le plus favorable, habituellement insuffisant. Il devient décidément dangereux quand l'autorité supérieure veut, de parti pris, discréditer ou faire prévaloir une innovation, ou quand elle cède à des suggestions intéressées. Assurément, les commissions consultatives ont quelquefois rendu de vrais services et mérité la reconnaissance du pays ; mais elles ont été souvent un moyen d'oppression pour des autorités intolérantes; elles ont servi surtout à propager des idées préconçues et à justifier les envahissements de la bureaucratie. On ne saurait trop s'en méfier désormais.

« Il ne faudra pas attendre beaucoup d'informations du droit de pétition, qui est chaque année exercé en Angleterre par quinze mille personnes environ, et qui commence. grâce aux consciencieux travaux du Sénat, à prendre en France une véritable importance. L'exercice de ce droit fournit aux particuliers le moyen d'obtenir le redressement de certains griefs et , en général, d'attirer sur leurs idées et leurs intérêts l'attention des pouvoirs publics. A ce titre, il peut être considéré comme la soupape de sûreté des constitutions modernes ; mais il suffit de consulter, en France et en Angleterre, le texte de ces pétitions , pour apercevoir qu'elles offrent peu de lumières pour la réforme sociale.

« Dans les pays où la constitution entrave l'émission de la pensée, on s'exagère généralement l'influence que la liberté de la presse et de la parole exerce sur la découverte des faits et des principes utiles à la réforme. Si la presse et la parole acquièrent une importance toujours croissante dans les civilisations supérieures, ce n'est pas parce qu'elles découvrent les vérités qui y amènent sans cesse de nouveaux progrès ; c'est parce que les écrivains et les orateurs deviennent de plus en plus nécessaires pour propager des vérités mises pour la première fois en lumière par d'autres personnes spécialement vouées à l'observation et à la méditation. Chaque jour, en effet, les vérités formant le fonds de la civilisation deviennent plus nombreuses et plus complexes, tandis que les masses se trouvent moins disposées à y prêter attention.

« Le vrai rôle de la presse est de conjurer cet abaissement en atténuant autant que possible cette inégalité des intelligences, et l'art de l'écrivain est de triompher, à force d'habileté, de l'inattention qui sera de plus en plus la propension caractéristique des personnes de toute condition, vouées sous l'aiguillon d'une concurrence acharnée à la pratique des arts usuels. L'orateur remplit sous ce rapport une fonction encore plus efficace : il commande plus sûrement l'attention de ceux qu'il veut instruire, d'abord parce qu'il leur épargne l'effort pénible de la lecture et surtout parce qu'il s'aide de l'attrait qu'un récit, fait avec art, offre à tous les hommes. Mais, d'un autre côté, l'art de persuader, par la presse ou par la parole, ne s'acquiert, en général, que par la pratique d'une longue vie : il est donc presque toujours incompatible avec la science, non moins difficile à acquérir, qui consiste à découvrir la vérité par la méditation et l'observation des faits.

« Ces considérations sont justifiées par l'exemple des contrées où l'art de la presse et de la parole s'emploie, avec le plus de succès, à la réforme de la constitution sociale ; elles m'ont été souvent signalées, en Angleterre, par des hommes compétents , et j'y ai entendu un habile écrivain déclarer que, son principal titre à l'estime publique, était d'avoir attiré l'attention des hommes d'Etat sur un livre lentement conçu au sein d'une université célèbre, et dont l'auteur applique maintenant les principes à une partie considérable du royaume britannique. La presse et la parole rempliront ce rôle bienfaisant dans notre constitution sociale, quand le public, les connaissant mieux, ne s'exagèrera plus leur mission, et surtout quand les écrivains et les orateurs, devenus tolérants, honoreront les hommes qui se dévouent, en dehors de toute coterie, à la recherche de la vérité.

« Cependant, les vérités les plus utiles à la réforme sociale ne sont pas celles que découvrent les savants et que propagent l'art de la presse ou de la parole. Les hommes d'Etat peuvent se procurer directement une multitude d'informations précieuses auprès de certains esprits observateurs et sagaces formés par la pratique des arts usuels, mais qui, absorbés par les devoirs professionnels, ne sont point propres à mettre la vérité en lumière, ou croient avoir intérêt à s'en réserver la connaissance exclusive. C'est en puisant à cette source que les Anglais ont créé peu à peu, depuis deux siècles, l'admirable régime d'enquêtes qui est devenu l'un des fondements de la constitution.

« En Angleterre, la coutume soumet chaque citoyen à l'obligation de se présenter, à l'époque qui lui est assignée, devant les commissions d'enquêtes établies par une autorité compétente, et de répondre, sous la foi du serment, à toutes les questions qui lui sont adressées. Elle autorise, en outre, les commissaires à infliger, dans les limites fixées par la loi, des amendes à ceux qui ne se rendent pas à cette sommation ou qui sont convaincus d'avoir dissimulé la vérité. Dans les enquêtes organisées par le Parlement, le nombre des commissaires est souvent supérieur à trente ; on y représente largement toutes les opinions et toutes les doctrines ; chaque membre peut exercer le contrôle le plus actif sur le choix des personnes invitées à comparaître, et sur leurs dépositions ; mais aucun d'eux n'est tenu à une assiduité constante ; et, en fait, le travail s'exécute, avec la confiance entière de la commission, par l'intervention d'un petit nombre de membres. Les dépositions recueillies par des sténographes sont certifiées exactes par la commission, imprimées avec une table facilitant les recherches, puis livrées au public à un prix modéré. Chaque enquête met en lumière une vérité connue surtout d'une personne dont la supériorité apparaît avec évidence quand on compare sa déclaration à celles des autres déposants, mais que les pouvoirs publics n'auraient pu découvrir par aucun autre moyen. Presque toutes les réformes accomplies depuis 1830 ont été votées avec des majorités considérables, ainsi formées par les dépositions de quelques hommes compétents.

« Le même régime d'information a été quelquefois organisé en France, et il a toujours donné lieu, dans les réformes qui en ont été la suite, à la même unanimité. C'est ainsi que l'enquête sur la boulangerie parisienne (1), éclairée par la déposition d'un homme compétent (2), a complètement modifié la pratique suivie en cette matière depuis 60 ans, contrairement aux exemples fournis par toutes les autres nations.

« Tous les hommes d'Etat qui ont pris part à de telles enquêtes déclareront qu'elles doivent, à l'avenir, être employées à l'exclusion des commissions consultatives, et qu'elles sont indispensables pour l'élaboration de toutes les réformes touchant par quelque point essentiel à la vie privée. Ce moyen d'information, en créant, chez nos gouvernants,

(1) Enquête faite devant le Conseil d'Etat, Paris, 1859, 1 vol. in-8°. Imprimerie Impériale. (*Note de la Réforme sociale.*)

(2) Feu M. Pommier, rédacteur du journal intitulé : l'*Echo Agricole*. Ce déposant m'a avoué plus tard que sa situation devant ses abonnés ne lui permettait pas de propager spontanément la vérité qu'il n'a pas cru pouvoir dissimuler devant le Conseil d'Etat. (*Note de la Réforme sociale.*)

des convictions fondées sur l'évidence, dissipera sans se-
cousse les erreurs propagées sous l'influence de la bureaucratie. »

XVII

Tel est, en effet, le seul moyen efficace et pratique qu'il
soit possible d'employer lorsqu'il s'agit de substituer un système nouveau à un système enté sur les anciennes théories
de protection et d'intervention légale. Appeler toutes les opinions à se produire, les contrôler sérieusement par la véri-
fication des faits, exiger toutes les garanties morales des té-
moins de cette espèce de procès intenté aux vices du corps
social ; enfin, se dégager soigneusement et systématique-
ment de toutes les traditions bureaucratiques pour accueillir
la vérité toute entière et sans hésitation lorsqu'elle se sera dé-
gagée spontanément du choc des opinions et des argumen-
tations opposées.

Si ce mode d'enquête, dans le résultat duquel nous avons
toute confiance, était appliqué à la question de la liberté
testamentaire, nous n'hésitons pas à déclarer qu'un revire-
ment inattendu se produirait parmi les esprits impartiaux et éclairés qui se sont habitués, par déférence pour
les traditions, à regarder le régime du partage forcé comme
étant en harmonie avec l'équité naturelle et parfaitement

adapté aux besoins des nations modernes : des agricul-
teurs, des manufacturiers, des négociants, des armateurs,
des hommes de toute condition viendraient affirmer, sous les
garanties les plus sacrées, que l'entrave la plus sérieuse
apportée à la prospérité intérieure et extérieure de la France,
à l'industrie nationale et au développement de l'initiative individuelle, c'est le système tyrannique qui fait intervenir la
loi dans le réglement des intérêts privés et qui retire au père
de famille le titre si beau et si légitime de magistrat du foyer
domestique.

Si nous ne nous illusionnons, du reste, une réaction en
faveur de la liberté testamentaire se produit en France en
ce moment. Des voix s'élèvent de différents côtés pour réclamer, au nom d'intérêts divers, la libre disposition des éléments
de travail. Ou nous nous trompons fort, ou il nous est permis
d'espérer.

Pourquoi n'espérerions-nous pas? Ce qui fait la force et la
prospérité de l'Angleterre et de la grande république amé-
ricaine, c'est la perfectibilité de leurs institutions. Au lieu
de tomber dans l'erreur des peuples du continent qui, péné-
trés des traditions antiques, accordent au législateur une
prescience et une sagesse presque divines, nos voisins d'ou-
tre-mer regardent les institutions en ce qu'elles ont d'essentiel, comme devant être l'expression des besoins et des exi-
gences de la société. Ils conservent religieusement certaines
formes extérieures qu'ils envisagent comme le symbole des

principes permanents qui doivent diriger l'humanité; mais ils n'hésitent pas, lorsque la vérité a jailli d'une enquête sérieuse et approfondie, à donner pleine satisfaction à l'esprit du temps, au progrès nécessaire, qui s'imposerait de lui-même par une commotion violente, si l'on n'obéissait aux signes précurseurs qui éclairent sa marche.

En France, au contraire, l'erreur commune attribue la pérennité à la législation et considère le gouvernement comme un élément modifiable en son essence. Les institutions civiles ont toujours été envisagées, depuis le commencement du siècle, comme le *palladium* de la nation, et au lieu de demander la consécration d'un progrès par la promulgation d'une loi en rapport avec les besoins nouveaux, les partisans des libertés ont toujours essayé de faire triompher leur doctrine par l'établissement d'une constitution faite tout d'une pièce et par cela même destinée à tomber avec les hommes dont elle reproduisait fidèlement les erreurs et les préjugés.

Heureusement, les troubles et les révolutions ont porté leurs fruits. On sait maintenant quelle inanité de résultats comportent ces victoires factices dont s'enorgueillissaient des hommes d'État qui prenaient une société humaine, c'est-à-dire une continuelle fermentation d'éléments éphémères, pour une construction artificielle qu'on pouvait fixer sur ses bases en un jour et par les seules lumières d'une doctrine préconçue. Un article de la Constitution de 1852, déclare la constitution elle-même perfectible. Cette consécra-

tion solennelle d'un principe complètement méconnu jusqu'ici et qui a garanti la prospérité des peuples par lesquels
il a été accepté, sera peut-être le plus beau titre de gloire du
régime nouveau, qui cependant n'a pas craint de proclamer la
liberté commerciale et quelques autres libertés civiles, en dépit des fausses théories d'une opposition systématique. Qu'on
réclame à grands cris le couronnement de l'édifice, mais
qu'on ait quelque reconnaissance à ceux qui en ont posé les
véritables fondements.

Le régime actuel encourage autant qu'il est en son pouvoir l'initiative individuelle dans le domaine de l'industrie,
du commerce et de l'agriculture. Il a cherché non-seulement
à guérir les plaies résultant de déplorables bouleversements
politiques, mais encore à ouvrir de nouvelles sources de prospérité et à montrer que la France était laborieuse et civilisa-
trice autant que glorieuse et vaillante. Toutefois, pour avancer à pas fermes et rapides dans cette voie difficile, il nous
manque un élément de résistance : la transmission des forces
économiques. Sans leur secours comment résisterons-nous
à une concurrence, pacifique mais acharnée, avec des adversaires qui héritent de tous les moyens d'action amassés par
leurs prédécesseurs. La lutte serait belle, héroïque, mais la
France s'en retirerait meurtrie et vaincue, car il lui manque-
rait, avec la liberté testamentaire, l'égalité des armes dans
le tournoi de la civilisation.

La liberté testamentaire est, en quelque sorte, le fondement de la liberté civile, et quand celle-ci n'existe pas, la liberté politique ne reposant sur aucune base solide, ne tarde pas à succomber par ses propres excès. Il est temps de proclamer énergiquement avec un écrivain libéral déjà cité, M. Nefftzer, que *la liberté de tester, c'est la pierre angulaire de la liberté générale.* Pour nous c'est encore quelque chose de plus : c'est la substitution de la conscience et de la sollicitude paternelles aux froides abstractions du législateur, ou, si l'on veut, des préceptes immuables gravés dans le cœur de l'homme par la sagesse divine, aux orgueilleuses et stériles théories que renversent en un jour les soubresauts du corps social sur lequel elles pèsent comme un cauchemar.

MARIUS ARDOUIN, négociant. — LOUIS DE BOUILLANE, ouvrier imprimeur. — COULANGE-LAUTREC, architecte. — F. FERRANDY, armateur. — FOURNIER, tapissier-décorateur, — A. GIRARD, agriculteur. — VALENTIN GROS, commerce international des laines. — CH. ISNARD, docteur en médecine. — L. JOUARRE, négociant. — J. JAUBERT, employé de commerce. — A. JULLIEN, négociant commissionnaire en tissus. — L. LAUGIER, fabricant-chapelier. — J. LOUIS, négociant-droguiste. — FRANÇOIS MAIFFREDY, agriculteur. — A. DE MULLER, propriétaire. — EUG. RAMBAUD, négociant, représentant de la Société des mines de Mokta. — SALLANDROUZE-LEMOULLEC, manufacturier en tapis. — L. SONCHON, commerce international des soies. — TEULON, maître-portefaix.